Christiane Mázur Lauricella
Tânia Sandroni

# Dicas Para Escrever Melhor

*Dicas para Escrever Melhor*
*Copyright© Editora Ciência Moderna Ltda., 2013*

Todos os direitos para a língua portuguesa reservados pela EDITORA CIÊNCIA MODERNA LTDA.

De acordo com a Lei 9.610, de 19/2/1998, nenhuma parte deste livro poderá ser reproduzida, transmitida e gravada, por qualquer meio eletrônico, mecânico, por fotocópia e outros, sem a prévia autorização, por escrito, da Editora.

**Editor:** Paulo André P. Marques
**Produção Editorial:** Aline Vieira Marques
**Assistente Editorial:** Amanda Lima da Costa
**Capa:** Equipe Ciência Moderna
**Diagramação:** Equipe Ciência Moderna
**Copidesque:** Nancy Juozapavicius

Várias **Marcas Registradas** aparecem no decorrer deste livro. Mais do que simplesmente listar esses nomes e informar quem possui seus direitos de exploração, ou ainda imprimir os logotipos das mesmas, o editor declara estar utilizando tais nomes apenas para fins editoriais, em benefício exclusivo do dono da Marca Registrada, sem intenção de infringir as regras de sua utilização. Qualquer semelhança em nomes próprios e acontecimentos será mera coincidência.

## FICHA CATALOGRÁFICA

**LAURICELLA, Christiane Mázur; SANDRONI, Tânia.**

*Dicas para Escrever Melhor*

Rio de Janeiro: Editora Ciência Moderna Ltda., 2013.

1. Gramática da Língua Portuguesa
I — Título

ISBN: 978-85-399-0446-4               CDD 469.5

**Editora Ciência Moderna Ltda.**
R. Alice Figueiredo, 46 – Riachuelo
Rio de Janeiro, RJ – Brasil   CEP: 20.950-150
Tel: (21) 2201-6662/ Fax: (21) 2201-6896
E-MAIL: LCM@LCM.COM.BR
WWW.LCM.COM.BR

# Introdução

Cada vez mais, a "arte" de escrever bem é valorizada tanto no meio acadêmico como no mercado de trabalho. Os processos seletivos para ingressar em universidades ou para conseguir um emprego normalmente incluem a produção textual.

É com a intenção de dar "dicas" de como podemos melhorar nossa escrita que este livro foi redigido. Nele não temos o formalismo ou o uso da terminologia técnica das gramáticas. Queremos, por meio da análise de equívocos frequentemente encontrados em textos de alunos e profissionais, mostrar formas simples e corretas de expressão.

Isso é feito por meio de exemplos "concretos" e de comparações claras entre frases corretas e incorretas, inadequadas ou indesejáveis.

# Autoras

**Christiane Mázur Lauricella**

Doutora em Engenharia Metalúrgica e de Materiais pela Escola Politécnica da Universidade de São Paulo, Mestre em Tecnologia Nuclear pelo Instituto de Pesquisas Energéticas e Nucleares da Universidade de São Paulo e Engenheira Química pelo Centro Universitário da Fundação Educacional Inaciana, com Aperfeiçoamento em Tópicos Especiais de Estatística pelo Instituto de Matemática e Estatística da Universidade de São Paulo. Tem mais de 20 anos de experiência no magistério e trabalha rotineiramente com a revisão de textos acadêmicos e com a produção de materiais voltados ao desenvolvimento da leitura e interpretação de textos, da análise de gráficos e tabelas e do uso do raciocínio lógico.

**Tânia Sandroni**

Mestre em Ciências da Comunicação pela Escola de Comunicação e Artes da Universidade de São Paulo, Bacharel em Jornalismo pela Escola de Comunicação e Artes da Universidade de São Paulo e Licenciada em Letras pelo Centro Universitário Claretiano. Tem mais de 20 anos de experiência no magistério e trabalha rotineiramente com a produção textual no ensino médio, com a revisão de textos diversos e com a correção de redações em processos seletivos.

*Agradecemos a Deus.*

# Sumário

01. "Mesmo" ..................................................................1
02. "Através" .................................................................4
03. "A maioria" e "a maior parte" ...............................5
04. "30% são..." e "1% é..." .....................................7
05. "À medida que" e "na medida em que" ..............9
06. "Por um lado" e "por outro lado" ......................10
07. "Em vez de" e "ao invés de" ..............................11
08. Conectivo "e" ..........................................................12
09. Etc. ............................................................................13
10. "De encontro a" e "ao encontro de" ..................14
11. "A fim" e "afim" ......................................................15
12. "A gente" e "agente" ............................................16
13. "A par de" ................................................................17
14. "Em nível" e "ao nível" ........................................18
15. "De lápis" e "a lápis" ............................................18
16. "Mal" e "mau" .........................................................19
17. "Em curto prazo" e "de curto prazo" .................20
18. "À custa de" ............................................................21
19. "Componente" ........................................................21
20. "Beneficente" e "beneficência" ..........................22
21. Verbo deparar ........................................................23
22. Verbo implicar (no sentido de causar ou acarretar) ............24
23. Verbo visar (no sentido de objetivar ou almejar) ...............25
24. Verbo haver (no sentido de existir) ...................27
25. Verbo fazer (no sentido de tempo transcorrido) ................29
26. Verbo intervir .........................................................30
27. Verbo possuir .........................................................31

28. "Têm/tem" e "vêm/vem" ..................................................32
29. "Vim", "vir" e "vier"......................................................33
30. "Certeza de que" ............................................................35
31. "Menos" ........................................................................35
32. "Apesar de", "depois de", "antes de" e outras expressões acompanhadas do sujeito do verbo no infinitivo......................36
33. Paralelismo....................................................................38
34. Não iniciar frases com me, te etc. (pronomes átonos)........40
35. Colocação de me, te, se etc. antes do verbo (próclise) .......41
36. "Porque", "por que", "porquê" e "por quê"........................42
37. "Mais bem" e "melhor" ..................................................44
38. "Eu" e "mim"..................................................................45
39. "Entre mim e você", "contra mim e você" etc....................46
40. "Cujo", "cuja", "cujos" e "cujas" .....................................46
41. "Anexo", "anexos", "anexa" e "anexas"............................47
42. "Se não" e "senão"..........................................................48
43. "Onde" e "aonde" ...........................................................49
44. "Bastante" e "bastantes" .................................................51
45. "Mandato" e "mandado" .................................................52
46. "É bom", " é boa", " é proibido" e "é proibida"................52
47. "Aluga-se", "conserta-se", "contrata-se", "precisa-se" etc. 53
48. "A princípio" e "em princípio" .......................................55
49. Crase .............................................................................56
50. "Meio" e "meia" .............................................................57
51. "A cerca de", "acerca de" e "há cerca de" ........................58
52. Aja e haja.......................................................................59
53. "Seja", "sejam", "esteja" e "estejam"................................59
54. "Seção", "sessão" e "cessão" ..........................................59
55. Gerúndio .......................................................................60
56. "Podem ter", "podem ser" etc..........................................61
57. "Somos três" etc.............................................................62
58. "Daqui" e "daqui a". .......................................................63

59. "Meio-dia e meia"...................................................64
60. "É meio-dia", "é meio-dia e meia" e "são duas horas".......64
61. "Óculos"...............................................................65
62. "Obrigado" e "obrigada"........................................66
63. "Duzentos gramas" ...............................................66
64. Uso da vírgula......................................................67
65. Concordância verbal e nominal. ............................69
Exemplos adicionais ..................................................71

# 01. "Mesmo"

Certamente você já viu uma placa do tipo abaixo na porta de um elevador.

Quem é o "mesmo" mencionado na placa? É ele, o elevador. E, nesse caso, temos um uso incorreto da palavra "mesmo", funcionando equivocadamente como o pronome pessoal "ele". Essa palavra não pode, portanto, ser usada para se referir a um termo já mencionado no texto.

|  | A palavra **mesmo** não tem a função de "ele" e a palavra **mesma** não tem a função de "ela". |
|---|---|

O certo seria o seguinte: "Antes de entrar no elevador, verifique se ele encontra-se parado neste andar".

A famosa "plaquinha do elevador" já foi tema de muitas brincadeiras. Na internet, encontram-se algumas comunidades com o título "Eu tenho medo do MESMO", insinuando que "o mesmo" é um maníaco ou um monstro que ataca nos elevadores. Na agência do publicitário Washington Olivetto, a W/Brasil, ele e seus sócios colocaram, ao lado das placas de advertência sobre o uso do elevador, outra placa, informando: "Estas mensagens desnecessárias e mal escritas estão aqui em obediência à lei 9512 e ao decreto-lei 36.434".

Utilizar a palavra "mesmo" no lugar de "ele" ou a palavra "mesma" no lugar de "ela" é um hábito muito comum em textos acadêmicos e empresariais, mas que não deve ser praticado.

Veja, abaixo, alguns exemplos do uso correto das palavras "mesmo" e "mesma".

- Ele mesmo foi até a loja de conveniências.
- Ela foi sozinha, mesmo sabendo que seria perigoso.
- Naquela manhã, o professor fez o mesmo exercício novamente.

As observações que foram feitas para "o mesmo" valem, também, para "o próprio", empregado, muitas vezes, para se referir ao termo já mencionado.

Observe, a seguir, alguns exemplos de usos incorretos das palavras em foco e suas respectivas correções.

| | |
|---|---|
| **Incorreto** | O menino cantou e depois o mesmo foi ovacionado pelo público. |
| **Correto** | O menino cantou e depois foi ovacionado pelo público. |

| Incorreto | Ao abrir a porta, ouça se a mesma está rangendo. |
|---|---|
| Correto | Ao abrir a porta, ouça se ela está rangendo. |

| Incorreto | A avaliação envolve a estimativa dos impactos da mesma na empresa. |
|---|---|
| Correto | A avaliação envolve a estimativa dos seus impactos na empresa. |

| Incorreto | Se o próprio vier para o almoço, cozinhe mais feijão. |
|---|---|
| Correto | Se ele vier para o almoço, cozinhe mais feijão. |

| Incorreto | Tente usar as fórmulas e verifique se as próprias funcionam. |
|---|---|
| Correto | Tente usar as fórmulas e verifique se elas funcionam. |

## 02. "Através"

É comum lermos frases parecidas com as que estão abaixo.
- Beatriz está aprendendo através de um novo método de ensino.
- O cálculo foi feito através do teorema de Pitágoras.
- Você poderá votar através da internet.
- O projeto social resgatou a cidadania dos jovens *através* de oficinas de vídeo.
- As decisões programadas normalmente são equacionadas através de regras definidas.
- Ela está matriculada em um curso no qual as aulas são dadas através do computador.

Nessas frases, a palavra "através" está utilizada de forma inadequada, pois ela não tem o sentido de atravessar.

 A palavra **através** está relacionada com **atravessar**.

Vejamos dois exemplos em que a palavra "através" é usada de forma correta.
- O fantasma entrou na casa através da parede.
- Os raios de luz passaram através dos vidros da janela.

Então, como ficariam as frases com as devidas correções?
- Beatriz está aprendendo por um novo método de ensino.

- O cálculo foi feito pelo teorema de Pitágoras.
- Você poderá votar pela internet.
- O projeto social resgatou a cidadania dos jovens por meio de oficinas de vídeo.
- As decisões programadas normalmente são equacionadas por regras definidas.
- Ela está matriculada em um curso no qual as aulas são dadas pelo computador.

## 03. "A maioria" e "a maior parte"

Nos usos de "a maioria" e "a maior parte", consideramos desejáveis as formas que seguem a regra lógica de concordância: o verbo fica na terceira pessoa do singular, concordando com "maioria" e "maior parte". Veja os exemplos abaixo.

| | |
|---|---|
| **Indesejável** | A maioria dos meninos sabiam quem era o culpado. |
| **Desejável** | A maioria dos meninos sabia quem era o culpado. |

| | |
|---|---|
| **Indesejável** | A maior parte das meninas gostavam do facebook. |

| | |
|---|---|
| **Desejável** | A maior parte das meninas gostava do facebook. |

Ressaltamos que alguns autores também aceitam as formas que classificamos como indesejáveis. Eles argumentam que pode haver a concordância pela proximidade dos termos.

Podemos ter situações um pouco mais complicadas, como as do quadro a seguir.

| | |
|---|---|
| **Incorreto** | A maioria dos alunos que fizeram a prova acharam que ela estava fácil. |
| **Correto** | A maioria dos alunos que fizeram a prova achou que ela estava fácil. |

Veja que "fizeram" concorda com "alunos" e "achou" concorda com "a maioria". Para reforçar, analise as diferenças abaixo.

| | |
|---|---|
| **Incorreto** | A maior parte dos participantes que votaram eram estrangeiros. |
| **Correto** | A maior parte dos participantes que votaram era estrangeira. |

"Votaram" concorda com "participantes" e "era estrangeira" concorda com "a maior parte".

## 04. "30% são..." e "1% é..."

Se temos menos do que 2%, devemos usar o singular. Caso contrário, devemos usar o plural. Vamos observar os exemplos abaixo.

| Incorreto | Ontem foi descontado 27,5% em impostos. |
|---|---|
| Correto | Ontem foram descontados 27,5% em impostos. |

| Incorreto | Ontem foram descontados 0,5% em impostos. |
|---|---|
| Correto | Ontem foi descontado 0,5% em impostos. |
| Incorreto | Sabemos que 12% de 500 é igual a 60. |
| Correto | Sabemos que 12% de 500 são iguais a 60. |

8 – Dicas para Escrever Melhor

| **Incorreto** | Sabemos que 1,2% de 500 são menos do que 60. |
|---|---|
| **Correto** | Sabemos que 1,2% de 500 é menos do que 60. |

Lembre-se de fazer a concordância correta ao usar "percentuais".

Caso usemos "o resultado de" ou alguma expressão equivalente antes do número que expressa o percentual, utilizamos a terceira pessoa do singular, conforme segue.

| **Incorreto** | O resultado de 30% de 500 são mais do que 60. |
|---|---|
| **Correto** | O resultado de 30% de 500 é mais do que 60. |

| **Incorreto** | O percentual de 60% foram aplicados na compra. |
|---|---|

| | |
|---|---|
| **Correto** | O percentual de 60% foi aplicado na compra. |

# 05. "À medida que" e "na medida em que"

As expressões "à medida que" e "na medida em que" não são iguais. "À medida que" está relacionada com a ideia de proporção, enquanto "na medida em que" refere-se à ideia de causa.
Vejamos exemplos de uso dessas expressões.

> À medida que estudo mais, minhas médias escolares vão melhorando.

O sentido da frase acima é o seguinte: quanto mais estudo, mais altas são as minhas notas, ou seja, "estudar" e "notas altas" são grandezas proporcionais.

> Claudia não pode dar aulas no ensino médio na medida em que não é licenciada.

O sentido da frase acima é o seguinte: a causa de Claudia não poder dar aulas no ensino médio é o fato de ela não ser licenciada.

À **medida que** é proporção e **na medida em** que é causa.

## 06. "Por um lado" e "por outro lado"

Pela lógica, se algo tem "outro lado", é porque esse "outro lado" opõe-se a um "primeiro lado". Mas, na maioria das vezes em que essa expressão é usada, temos apenas "por outro lado" utilizado como adversidade e não como oposição.
Vejamos o exemplo a seguir.

| Incorreto | Podemos mencionar casos de anomalias genéticas. Por outro lado, a maioria dos indivíduos é saudável. |
|---|---|
| Correto | Podemos mencionar casos de anomalias genéticas, mas a maioria dos indivíduos é saudável. |

No caso incorreto, não foram apresentadas duas ideias opostas. A correção mostra que, embora haja casos de anomalias genéticas, a maior parte dos indivíduos é saudável.

A seguir, temos uma situação em que a expressão é utilizada adequadamente.

| Correto | Por um lado, a internet facilita o acesso à informação. Por outro lado, ela pode desestimular a leitura. |
|---|---|

|  | **Por um lado... por outro lado:** ideia de oposição. |
|---|---|

## 07. "Em vez de" e "ao invés de"

As expressões "em vez de" e "ao invés de" não têm o mesmo significado, como pode ser observado no exemplo a seguir.

| Incorreto | Ele foi ao cinema ao invés de ir à aula. |
|---|---|
| Correto | Ele foi ao cinema em vez de ir à aula. |

O sentido correto da frase é o de que "ele" foi ao cinema "no lugar" de ir à aula.

|  | **"Em vez de"** significa "no lugar de" e **"ao invés de"** significa "ao contrário de". |
|---|---|

Veja uma situação em que há sentido de contrariedade e cabe usar a expressão "ao invés de".

| Correto | No velório, ele riu ao invés de chorar. |
|---|---|

## 08. Conectivo "e"

O conectivo "e" pode atuar como uma palavra de "adição" ou como uma palavra de "adversidade" (se usada com o sentido de "mas").

Se tivermos o "e aditivo", não colocamos a vírgula antes desse conectivo. Se tivermos o "e adversativo", colocamos a vírgula antes desse conectivo. Isso está mostrado nos exemplos abaixo.

| Incorreto | Ela gostava de dançar, e adorava cantar. |
|---|---|
| Correto | Ela gostava de dançar e adorava cantar. |
| Correto | Ela queria falar, e ficou envergonhada. |

Veja que, na última frase, poderíamos ter escrito assim: "Ela queria falar, mas ficou envergonhada".

# 09. Etc.

"Etc." vem de "et cetera" e significa "e os restantes".
Como a forma reduzida "etc." já contém o aditivo "e", não há razão para escrevê-lo novamente, precedido ou não de vírgula, como nas frases incorretas a seguir.

| | |
|---|---|
| **Incorreto** | Ela comprou bolsas, sapatos, colares, brincos e etc. |
| **Incorreto** | Ela comprou bolsas, sapatos, colares, brincos, e etc. |
| **Inadequado** | Ela comprou bolsas, sapatos, colares, brincos, etc. |
| **Correto** | Ela comprou bolsas, sapatos, colares, brincos etc. |

## 10. "De encontro a" e "ao encontro de"

Você acha que as duas frases abaixo significam a mesma coisa?
- Minha opinião vai de encontro à sua.
- Minha opinião vai ao encontro da sua.

Não, essas frases têm sentidos opostos: na primeira, você e eu temos opiniões contrárias e, na segunda, temos a mesma opinião.

"**De encontro a**" significa "contra" e "**ao encontro de**" significa "em favor de".

Os diferentes sentidos de "de encontro a" e "ao encontro de" ficam bem claros nos exemplos que seguem.
- A sua proposta é excelente e vem ao encontro das minhas expectativas.
- A sua proposta é péssima e vem de encontro às minhas expectativas.

Na primeira frase, afirma-se que a sua proposta está de acordo com as minhas expectativas. Na segunda, afirma-se que a sua proposta é contrária às minhas expectativas.

# 11. "A fim" e "afim"

Você está a fim de escrever melhor? Então procure fazer leituras afins.
Essa frase mostra a diferença entre os usos de "a fim de" e de "afim".

 **"A fim de"** significa "com o objetivo de" e **"afim"** significa "ter afinidade".

Observe mais um exemplo.

| | |
|---|---|
| **Incorreto** | Ela estudava muito afim de passar no concurso público. |
| **Correto** | Ela estudava muito a fim de passar no concurso público. |
| **Correto** | Ela estudava muito para passar no concurso público. |
| **Correto** | Ela estudava muito com o objetivo de passar no concurso público. |

## 12. "A gente" e "agente"

A expressão "a gente" tem o valor de "nós". Já a palavra "agente" significa "que age ou que opera". Veja essa diferença nos exemplos que seguem.

| | |
|---|---|
| **Incorreto** | Agente vai cantar no karaokê na quinta-feira. |
| **Incorreto** | Agente vamos cantar no karaokê na quinta-feira. |
| **Correto** | A gente vai cantar no karaokê na quinta-feira. |
| **Correto** | Nós vamos cantar no karaokê na quinta-feira. |
| **Incorreto** | Pode contar com agente. |
| **Incorreto** | Pode contar com nós. |
| **Correto** | Pode contar com a gente. |

| Correto | Pode contar conosco. |
|---|---|
| Incorreto | Pode contar com o a gente de seguros. |
| Correto | Pode contar com o agente de seguros. |

**Observação:** "A gente" exige verbo na terceira pessoa do singular. Ou seja, "a gente é" e não "a gente somos".

# 13. "A par de"

Se desejarmos expressar a ideia de estar ciente ou de estar informado, usamos a expressão "a par de" e não "ao par de", conforme mostrado nos exemplos abaixo.

| Incorreto | Juliana sempre estava ao par das últimas fofocas. |
|---|---|
| Correto | Juliana sempre estava a par das últimas fofocas. |

## 14. "Em nível" e "ao nível"

Analise as frases que seguem.

| | |
|---|---|
| **Incorreto** | A nível acadêmico, as pesquisas devem apresentar resultados importantes. |
| **Incorreto** | Ao nível acadêmico, as pesquisas devem apresentar resultados importantes. |
| **Correto** | Em nível acadêmico, as pesquisas devem apresentar resultados importantes. |

Primeiramente, alertamos que nunca devemos usar a expressão "a nível", pois ela não "existe".

Já a expressão "ao nível" somente deve ser utilizada com o sentido de "à altura", como em "a pressão atmosférica foi medida ao nível do mar".

## 15. "De lápis" e "a lápis"

Muitos alunos fazem a seguinte pergunta:"professor, a prova pode ser resolvida de lápis?". O professor pode responder da maneira que segue.

"Não, de lápis não. Mas você pode resolvê-la a lápis".

Concluímos que o ato de escrever com o lápis é equivalente a escrever a lápis.

Se uma criança desenha um triângulo em uma folha de papel com lápis, ela o desenha a lápis. Mas, se essa criança constrói a figura geométrica de um triângulo, como a ilustrada a seguir, com três lápis, ela a constrói de lápis.

**Triângulo feito com lápis.**

## 16. "Mal" e "mau"

Vamos ver exemplos de uso das palavras "mal" e "mau".
- Carina estava de mal consigo própria.
- O lobo mau e a bruxa má das histórias infantis se deram mal.

"**Mal**" é o contrário de "bem" e "**mau**" é o contrário de "bom".

Ou seja, se você está de bem com a vida, você não está de mal com a vida.

Ainda, se o seu chefe tem cara de mau, ele não tem cara de bom. Veja outros exemplos.

| | |
|---|---|
| **Incorreto** | As pessoas falavam mau de Douglas, por outro lado não tinham razão. |
| **Correto** | As pessoas falavam mal de Douglas, mas não tinham razão. |
| **Incorreto** | Romeu era mal caráter. |
| **Correto** | Romeu era mau caráter. |

## 17. "Em curto prazo" e "de curto prazo"

As expressões corretas são "em curto prazo" e "de curto prazo", ou seja, não devemos usar "a curto prazo" e "a longo prazo", conforme exemplos que seguem.

| | |
|---|---|
| **Indesejável** | Ele fez um empréstimo a longo prazo. |
| **Correto** | Ele fez um empréstimo de longo prazo. |

| Indesejável | Ele recuperará o investimento a curto prazo. |
|---|---|
| Correto | Ele recuperará o investimento em curto prazo. |

## 18. "À custa de"

Você conhece alguém que viva às custas de outra pessoa? Certamente não!
Alguém pode até viver à custa de outra pessoa, mas não às custas dessa outra pessoa!

 "**À custa de**" é uma expressão usada no singular.

## 19. "Componente"

"Componente" é uma palavra originalmente masculina. Verifique os exemplos que seguem.

| | |
|---|---|
| **Indesejável** | A componente vertical da força aplicada na viga era nula. |
| **Correto** | O componente vertical da força aplicada na viga era nulo. |
| **Indesejável** | As componentes básicas da alimentação de Carlos eram proteínas e gorduras. |
| **Correto** | Os componentes básicos da alimentação de Carlos eram proteínas e gorduras. |

## 20. "Beneficente" e "beneficência"

Muitas vezes, vemos as palavras "beneficiente" e "beneficiência" usadas de forma errônea nos lugares, respectivamente, de "beneficente" e "beneficência".

Observe, abaixo, exemplos de empregos corretos dessas palavras.
- A Beneficência Portuguesa é um grande hospital localizado em São Paulo.
- Carolina sempre praticou ações beneficentes.
- Vou ao bazar beneficente da Paróquia de Nossa Senhora do Perpétuo Socorro.

# 21. Verbo deparar

As formas de uso mais divulgadas do verbo deparar são "deparei-me com", "ela deparou-se com" etc. No entanto, esse verbo não deve vir acompanhado de me, te, se etc. Isso ficará claro com a observação das frases abaixo.

| | |
|---|---|
| **Inadequado** | Ele se deparou com dificuldades ao tentar resolver os exercícios. |
| **Inadequado** | Ele deparou-se com dificuldades ao tentar resolver os exercícios. |
| **Correto** | Ele deparou com dificuldades ao tentar resolver os exercícios. |

| | |
|---|---|
|  | O verbo **deparar** não é reflexivo, ou seja, não vem acompanhado de me, te, se etc. |

## 22. Verbo implicar (no sentido de causar ou acarretar)

O verbo implicar, no sentido de causar ou acarretar, não deve ser seguido pela preposição "em". Verifique os exemplos a seguir.

| | |
|---|---|
| **Inadequado** | O aumento da taxa implicou em queda do lucro. |
| **Correto** | O aumento da taxa implicou queda do lucro. |
| **Correto** | O aumento da taxa causou queda do lucro. |
| **Inadequado** | O aumento da taxa implicou na queda do lucro. |
| **Correto** | O aumento da taxa implicou a queda do lucro. |
| **Correto** | O aumento da taxa causou a queda do lucro. |

> O verbo **implicar**, no sentido de causar ou acarretar, não deve ser acompanhado da preposição "em".

**Observação.** Se o verbo implicar for usado no sentido de mostrar-se impaciente ou de demonstrar antipatia, deve ser seguido pela preposição "com".

- Pare de implicar com meus erros.
- Minha irmã sempre implica comigo.

# 23. Verbo visar (no sentido de objetivar ou almejar)

O verbo visar, no sentido de objetivar ou almejar, deve ser seguido pela preposição "a". Verifique os exemplos que seguem.

| **Incorreto** | A redução do lucro visou o aumento do consumo. |
|---|---|
| **Correto** | A redução do lucro visou ao aumento do consumo. |

| Incorreto | Joana visa uma vaga na universidade. |
|---|---|
| Correto | Joana visa a uma vaga na universidade. |
| Incorreto | Nós visamos a paz e o bem-estar de todos. |
| Correto | Nós visamos à paz e ao bem-estar de todos. |

Se houver outro verbo em seguida ao verbo visar, preferimos continuar usando a preposição "a". Mas, atualmente, também é aceito que, nesse caso, não se use a preposição "a".

Veja as frases que seguem.

| Correto | A proposta visa a aumentar o lucro. |
|---|---|
| Aceito | A proposta visa aumentar o lucro. |

| | O verbo **visar**, no sentido de objetivar ou almejar, deve ser seguido pela preposição "a". |
|---|---|

## 24. Verbo haver (no sentido de existir)

O verbo haver, no sentido de existir, deve ficar na terceira pessoa do singular, ou seja, não deve ir para o plural. Verifique os exemplos que seguem.

| **Incorreto** | Haviam três árvores no jardim. |
|---|---|
| **Correto** | Existiam três árvores no jardim. |
| **Correto** | Havia três árvores no jardim. |
| **Incorreto** | Podem haver cinco propostas de pagamento. |
| **Correto** | Podem existir cinco propostas de pagamento. |

| | |
|---|---|
| **Correto** | Pode haver cinco propostas de pagamento. |
| **Incorreto** | Houveram muitas manifestações contra o aumento do valor da passagem de ônibus. |
| **Correto** | Existiram muitas manifestações contra o aumento do valor da passagem de ônibus. |
| **Correto** | Houve muitas manifestações contra o aumento do valor da passagem de ônibus. |

> O verbo **haver**, no sentido de existir, permanece na terceira pessoa do singular.

Se o verbo haver for usado como auxiliar no sentido de ter, pode estar no singular ou no plural, conforme exemplos que seguem.

| | |
|---|---|
| **Incorreto** | Beatriz e Ana havia recebido ótimas notas. |
| **Correto** | Beatriz e Ana haviam recebido ótimas notas. |
| **Correto** | Beatriz e Ana tinham recebido ótimas notas. |
| **Correto** | Beatriz havia recebido ótimas notas. |
| **Correto** | Beatriz tinha recebido ótimas notas. |

## 25. Verbo fazer (no sentido de tempo transcorrido)

O verbo fazer, no sentido de tempo transcorrido, deve ficar na terceira pessoa do singular. Verifique os exemplos abaixo.

| | |
|---|---|
| **Incorreto** | Faziam três anos que eu não a via. |

| | |
|---|---|
| **Correto** | Fazia três anos que eu não a via. |
| **Incorreto** | Fazem dois dias que Lara não come. |
| **Correto** | Faz dois dias que Lara não come. |
| **Incorreto** | Devem fazer dez minutos que Lara chegou. |
| **Correto** | Deve fazer dez minutos que Lara chegou. |

O verbo **fazer**, no sentido de tempo transcorrido, permanece na terceira pessoa do singular.

## 26. Verbo intervir

O verbo "intervir" é da família" do verbo "vir". Assim, segue a mesma conjugação de "vir", como se vê abaixo.

| Incorreto | Ele interviu positivamente na resolução do problema. |
|---|---|
| Correto | Ele interveio positivamente na resolução do problema. |

## 27. Verbo possuir

Em relação ao verbo possuir, queremos fazer duas observações.

A primeira observação refere-se ao uso equivocado da palavra "possue", que não existe, conforme exemplo a seguir, relativo à posse que João tem de muitos imóveis.

| Incorreto | João possue muitos imóveis. |
|---|---|
| Correto | João possui muitos imóveis. |

A segunda observação refere-se ao uso inadequado e frequente do verbo possuir no lugar do verbo ter. "Possuir" equivale a "ter a posse".

Veja o exemplo abaixo.

| | |
|---|---|
| **Uso comum** | Gisele possui várias características positivas. |
| **Preferível** | Gisele tem várias características positivas. |

## 28. "Têm/tem" e "vêm/vem"

Para o verbo ter, "têm" está relacionado com o plural e "tem", com o singular, conforme mostrado nos exemplos a seguir.
- Judite tem muitos amigos.
- Judite e Carlos têm muitos amigos.
- Ele tem estado bastante ocupado ultimamente.
- Eles têm estado bastante ocupados ultimamente.

O que foi mostrado acima também vale para verbos derivados de ter, como prover e conter.

Para o verbo vir, "vêm" está relacionado com o plural e "vem", com o singular, conforme mostrado nos exemplos a seguir.
- Ana vem euforicamente ao meu encontro.
- Ana e Marco vêm euforicamente ao meu encontro.

**Observação**. A forma "veem" refere-se ao verbo ver e, de acordo com o novo acordo ortográfico da língua portuguesa, não recebe mais acento circunflexo, conforme mostrado no exemplo a seguir.

- Ana e Marco ficam felizes quando veem o mar.

## 29. "Vim", "vir" e "vier"

Você já deve ter ouvido frases semelhantes às listadas abaixo.
- Você tem que vim amanhã cedo.
- Eu vou vim na semana que vem.
- Se ele vim cedo, faremos o trabalho.

Elas não estão corretas, pois "vim" é o passado do verbo vir, conjugado na primeira pessoa e, por isso, só pode ser usado em enunciados como "ontem eu vim aqui". Assim, veja as correções abaixo.

| | |
|---|---|
| **Incorreto** | Você tem que vim amanhã cedo. |
| **Correto** | Você tem que vir amanhã cedo. |
| **Correto** | Você tem de vir amanhã cedo. |
| **Incorreto** | Eu vou vim na semana que vem. |
| **Correto** | Eu vou vir na semana que vem. |
| **Correto** | Eu virei na semana que vem. |

| Incorreto | Se ele vim cedo, faremos o trabalho. |
|---|---|
| Correto | Se ele vier cedo, faremos o trabalho. |

Para indicar o futuro, podemos usar as formas "vir" e vier", dependendo da situação, conforme mostrado abaixo.
- Ele deve vir amanhã.
- Se ela vier amanhã, falarei com ela.

A fim de reforçar o uso correto do verbo vir, observe os exemplos que seguem.

| Incorreto | Ele vai vim falar com você. |
|---|---|
| Correto | Ele vai vir falar com você. |
| Correto | Ele virá falar com você. |
| Incorreto | Se ele vim amanhã, tudo será resolvido. |
| Correto | Se ele vier amanhã, tudo será resolvido. |

## 30. "Certeza de que"

A expressão é "certeza de que" e não "certeza que", conforme mostrado a seguir.

| Incorreto | Tenho certeza que tudo vai dar correr bem. |
|-----------|--------------------------------------------|
| Correto   | Tenho certeza de que tudo vai dar correr bem. |

## 31. "Menos"

A forma "menas" não existe.
Logo, sempre devemos usar "menos", conforme exemplificado abaixo.
- João é menos paciente do que Sérgio.
- Lúcia é menos carente do que Fabíola.
- Hoje, parece-me que isso tem menos valor.
- Essa peça tem menos valor do que a vermelha.

## 32. "Apesar de", "depois de", "antes de" e outras expressões acompanhadas do sujeito do verbo no infinitivo

Se as expressões "apesar de", "depois de", "antes de" e outras estiverem acompanhadas do sujeito do verbo no infinitivo, não fazemos as contrações de+a=da, de+ele=dele etc. Verifique os exemplos abaixo.

| | |
|---|---|
| **Incorreto** | Apesar da questão estar correta, ele reclamou. |
| **Correto** | Apesar de a questão estar correta, ele reclamou. |
| **Incorreto** | Depois dele ter saído, a briga continuou. |
| **Correto** | Depois de ele ter saído, a briga continuou. |
| **Incorreto** | Isso apenas seria possível no caso do sistema receber energia externa. |

| | |
|---|---|
| **Correto** | Isso apenas seria possível no caso de o sistema receber energia externa. |
| **Incorreto** | O fato do projeto ter sido aprovado não foi bem recebido pela população. |
| **Correto** | O fato de o projeto ter sido aprovado não foi bem recebido pela população. |
| **Incorreto** | Qual era a probabilidade disso ter acontecido? |
| **Correto** | Qual era a probabilidade de isso ter acontecido? |

Nos casos a seguir, em que não há sujeito do verbo no infinitivo, fazemos as contrações de+o=do, de+ela=dela e de+isso=disso, conforme segue.

| | |
|---|---|
| **Correto** | Apesar do erro, ele não mudou de atitude. |

| | |
|---|---|
| **Correto** | Apesar dela, Ivo continuou seu trabalho. |
| **Correto** | Antes disso, ela não sabia como se portar em público. |

## 33. Paralelismo

"Paralelismo" refere-se à manutenção da mesma estrutura nos segmentos de frase. Se você estiver enumerando elementos com diferentes graus (singular ou plural) e com diferentes gêneros (feminino e masculino), devem ser feitas as devidas concordâncias. Verifique os exemplos que seguem.

| | |
|---|---|
| **Incorreto** | O estudo a respeito dos direitos autorais e referências é fundamental para o aperfeiçoamento do profissional da educação. |
| **Correto** | O estudo a respeito dos direitos autorais e das referências é fundamental para o aperfeiçoamento do profissional da educação. |

| | |
|---|---|
| **Incorreto** | O conceito dependia da titulação dos docentes, regime de trabalho dos professores, respostas dadas pelos estudantes no questionário socioeconômico e outros insumos. |
| **Correto** | O conceito dependia da titulação dos docentes, do regime de trabalho dos professores, das respostas dadas pelos estudantes no questionário socioeconômico e de outros insumos. |
| **Incorreto** | Falamos de sua atitude e como ela foi recebida na empresa. |
| **Correto** | Falamos de sua atitude e de como ela foi recebida na empresa. |
| **Incorreto** | José queria ganhar o jogo e aumento do seu salário. |
| **Correto** | José queria ganhar o jogo e aumentar o seu salário. |

| Incorreto | No Brasil, há crianças que tentam conseguir dinheiro através da mendicância e até se prostituindo. |
|---|---|
| Correto | No Brasil, há crianças que tentam conseguir dinheiro por meio da mendicância e até da prostituição. |

Observe que, no último exemplo, além da falta de paralelismo, há o uso equivocado da palavra "através".

## 34. Não iniciar frases com me, te etc. (pronomes átonos)

Não devemos começar uma frase com me, te, se, nos, vos etc., como mostrado abaixo.

| Incorreto | Me deseje boa sorte. |
|---|---|
| Correto | Deseje-me boa sorte. |
| Incorreto | Nos dê a chave do apartamento. |

| Correto | Dê-nos a chave do apartamento. |

## 35. Colocação de me, te, se etc. antes do verbo (próclise)

A colocação dos pronomes me, te, se, nos etc. antes do verbo chama-se próclise.

Deve-se usar a próclise se houver as seguintes partículas atrativas: não, nunca, sempre, também, ainda que...

Vejamos alguns exemplos.

| Incorreto | Ele não encantou-se com o texto. |
|---|---|
| Correto | Ele não se encantou com o texto. |
| Incorreto | Fátima nunca contou-nos a verdade. |
| Correto | Fátima nunca nos contou a verdade. |
| Incorreto | Jorge sempre sentia-se confortável na casa da irmã. |

| | |
|---|---|
| **Correto** | Jorge sempre se sentia confortável na casa da irmã. |

## 36. "Porque", "por que", "porquê" e "por quê"

Você considera corretas as seguintes frases?
- O professor não explicou por que faltou.
- O professor não explicou porque faltou.

É provável que você já tenha ouvido a explicação de que se usa "por que" nas perguntas e "porque" nas respostas. Assim, muitos se guiam pela pontuação para definir a grafia do "porquê". Mas esse raciocínio não é correto, pois "por que" e "porque" têm usos e significados diferentes. "Por que" significa "por qual motivo" e "porque" indica causa, podendo ser substituído por "pois" ou "uma vez que".

Nos exemplos vistos, as duas formas estão corretas, mas os sentidos são diferentes. Na primeira, o professor não disse por qual motivo faltou e, na segunda, o professor não deu a explicação, uma vez que não esteve presente. Logo, ambas as frases estão corretas.

| | |
|---|---|
| **Correto** | Ele foi demitido porque não sabia inglês? |
| **Correto** | Quero saber por que ele está chateado. |

| | |
|---|---|
| FIQUE DE OLHO! | **"Por que"** significa "por qual motivo" e **"porque"** indica causa. |

O uso do acento em "por quê" acontece se ele está no fim da frase, como nos exemplos a seguir.

| | |
|---|---|
| **Correto** | Ele faltou, mas não explicou por quê. |
| **Correto** | Você não comeu nada. Por quê? |

A palavra "porquê", por sua vez, é um substantivo e é usada quando vem acompanhada por um artigo ("o" ou "um").

| | |
|---|---|
| **Correto** | Deve haver um porquê para tantas regras. |
| **Correto** | Não descobri o porquê da atitude dela. |
| **Correto** | Qual é o porquê de ela ser tão rude? |

## 37. "Mais bem" e "melhor"

Você já ouviu alguém comentando que deveria estar melhor preparado para a prova? Na verdade, ele deveria estar "mais bem preparado" para a prova. A palavra "melhor" deve ser usada com os verbos, mas, quando se usa a forma do particípio (como "preparado"), o correto é "mais bem".
Os exemplos abaixo são bem esclarecedores.

| | |
|---|---|
| **Incorreto** | Ele foi melhor recebido naquele país. |
| **Correto** | Ele foi mais bem recebido naquele país. |
| **Correto** | A matéria foi mais bem explicada pelo professor. |
| **Correto** | O professor explicou melhor a matéria. |

As mesmas observações servem para "pior" e "mais mal", conforme exemplificado a seguir.

| | |
|---|---|
| **Incorreto** | Joana foi pior esclarecida sobre as regras do jogo. |

| | |
|---|---|
| **Correto** | Joana foi mais mal esclarecida sobre as regras do jogo. |

## 38. "Eu" e "mim"

O pronome "mim" não pode exercer a função de sujeito de um verbo, ou seja, não se pode falar "mim quer alguma coisa". O pronome "mim" só aparecerá antes do verbo se não for seu sujeito, como em "é difícil para mim falar em público", pois podemos dizer: "falar em público é difícil para mim". Veja, abaixo, outros exemplos.

| | |
|---|---|
| **Incorreto** | Ele pediu para mim fazer o relatório. |
| **Correto** | Ele pediu para eu fazer o relatório. |
| **Correto** | Ele deu o doce para mim. |
| **Correto** | Foi fácil para mim resolver o exercício. |
| **Correto** | Para mim, foi fácil resolver o exercício. |

## 39. "Entre mim e você", "contra mim e você" etc.

As expressões corretas são "entre mim e você" e "contra mim e você" e não "entre eu e você" e "contra eu e você", conforme exemplo que segue.

| Incorreto | Esse segredo deve ficar entre eu e você. |
|---|---|
| Correto | Esse segredo deve ficar entre mim e você. |

## 40. "Cujo", "cuja", "cujos" e "cujas"

As palavras "cujo", "cuja", "cujos" e "cujas" remetem à ideia de posse e devem concordar com o substantivo que vem depois delas, conforme exemplos abaixo.

- O menino, cujo desempenho acadêmico era bom, reclamou da aula.
- A menina, cujo desempenho acadêmico era bom, reclamou da aula.
- Os meninos, cujos desempenhos acadêmicos eram bons, reclamaram da aula.

- As meninas, cujos desempenhos acadêmicos eram bons, reclamaram da aula.
- O menino, cuja nota era boa, reclamou da aula.
- A menina, cuja nota era boa, reclamou da aula.

Reforçamos, pelo exemplo que segue, que a expressão "cujo o qual" e suas variações não devem ser usadas.

| Incorreto | O menino, cujo o qual tinha boas notas, reclamou da aula. |
|---|---|
| Correto | O menino, que tinha boas notas, reclamou da aula. |

# 41. "Anexo", "anexos", "anexa" e "anexas"

O adjetivo "anexo", como todos os outros, deve concordar com o nome a que se refere. As situações a seguir mostram essa concordância.

| Incorreto | Segue anexo o documento. |
|---|---|
| Correto | Seguem anexos os documentos. |

| | |
|---|---|
| **Correto** | Segue anexa a cópia. |
| **Correto** | Seguem anexas as cópias. |

A mesma regra serve para a palavra "incluso", conforme mostrado a seguir.

| | |
|---|---|
| **Correto** | O documento foi incluso na pasta. |
| **Correto** | Os documentos foram inclusos na pasta. |
| **Correto** | A declaração foi inclusa na pasta. |
| **Correto** | As declarações foram inclusas na pasta. |

## 42. "Se não" e "senão"

"Se não" tem sentido condicional, podendo ser substituído por "caso não". "Senão" tem sentido de "do contrário" ou de "a não ser". Verifique essa diferença nas frases abaixo.

| | |
|---|---|
| **Correto** | Vou esperá-lo um pouco. Se não vier, irei embora. |
| **Correto** | Se não for possível enviar a carta, rasgue-a. |
| **Correto** | Ela não fez outra coisa senão reclamar. |
| **Correto** | Ande logo, senão perdemos o trem. |
| **Correto** | Entregue a declaração dentro do prazo, senão haverá multa. |

# 43. "Onde" e "aonde"

As palavras "onde" e "aonde" só podem se referir a um lugar, ou seja, um espaço físico.
Veja os exemplos que seguem.

| | |
|---|---|
| **Incorreto** | Tudo foi explicado no relatório onde haviam as planilhas. |

| Correto | Tudo foi explicado no relatório em que havia as planilhas. |
|---------|-----------------------------------------------------------|
| Correto | Tudo foi explicado no relatório no qual havia as planilhas. |

Observe que, na primeira frase, além do uso incorreto de "onde", o verbo haver foi utilizado equivocamente, pois, como ele tem o sentido de "existir", deve ficar na terceira pessoa do singular.

Se houver o sentido de "para onde", usa-se "aonde", conforme indicado abaixo.

| Incorreto | Onde você vai? |
|-----------|----------------|
| Correto   | Aonde você vai? |
| Incorreto | Aonde você mora? |
| Correto   | Onde você mora? |

**"Onde"** e **"aonde"** referem-se a lugar. **"Aonde"** é usado com verbos que indicam movimento.

## 44. "Bastante" e "bastantes"

Muitas pessoas, quando veem a palavra "bastantes", acham que ela está errada. Mas "bastantes" equivale a "muitos" ou "muitas". Veja os exemplos.

| | |
|---|---|
| **Correto** | Tatiana comprou bastantes livros. |
| **Correto** | Ela tem bastantes qualidades. |
| **Correto** | Jaime falou bastante durante a reunião. |

Se você quiser "comprovar" que os exemplos anteriores estão corretos, basta substituir "bastantes" por "muitos" e "muitas", respectivamente, na primeira frase e na segunda frase e trocar "bastante" por "muito" na terceira frase, como segue.

| | |
|---|---|
| **Correto** | Tatiana comprou muitos livros. |
| **Correto** | Ela tem muitas qualidades. |

| Correto | Jaime falou muito durante a reunião. |

## 45. "Mandato" e "mandado"

A palavra "mandado" significa "ordem" ou "determinação". "Mandato", por sua vez, indica a "delegação de algum poder a alguém". Essa distinção pode ser vista nos exemplos abaixo.

| Correto | O mandado de prisão foi emitido pelo juiz. |
|---|---|
| Correto | O mandato de senador dura oito anos. |

## 46. "É bom", " é boa", " é proibido" e "é proibida"

Observe as construções que seguem e tente "adivinhar" se elas estão corretas.
- Cerveja é bom.
- Esta cerveja é boa.
- É proibido entrada.
- É proibida a entrada de pessoas estranhas.

Todas estão corretas. Quando o substantivo é usado em sentido genérico (sem qualquer especificação), a expressão é invariável. Quando se trata de algo específico, o adjetivo concorda com o substantivo.

Na primeira frase, não falamos de alguma marca ou tipo específico de cerveja, mas de todas as cervejas. Logo, mesmo cerveja sendo uma palavra feminina, usamos a forma invariável "bom".

Na segunda frase, estamos nos referindo a uma cerveja específica ("esta cerveja"). Logo, fazendo a concordância com cerveja, ficamos com "boa" e não com "bom".

## 47. "Aluga-se", "conserta-se", "contrata-se", "precisa-se" etc.

Você já deve ter visto várias placas por aí com os dizeres "aluga-se salas", "conserta-se geladeiras" e "contrata-se funcionários". Será que elas estão corretas?

Para a partícula "se", devemos ver se é possível fazer o tipo de transformação mostrado a seguir, chamado de transformação para a voz passiva analítica.

| Incorreto | Salas é alugada. | → | Aluga-se salas. |
|---|---|---|---|
| Correto | Salas são alugadas. | → | Alugam-se salas. |

| | | | |
|---|---|---|---|
| **Correto** | Uma sala é alugada. | → | Aluga-se uma sala. |
| **Incorreto** | Geladeiras é consertada. | → | Conserta-se geladeiras. |
| **Correto** | Geladeiras são consertadas. | → | Consertam-se geladeiras. |
| **Incorreto** | Vendedores é contratados. | → | Contrata-se vendedores. |
| **Correto** | Vendedores são contratados. | → | Contratam-se vendedores. |
| **Correto** | Um vendedor é contratado. | → | Contrata-se um vendedor. |

Agora, veja exemplos nos quais a transformação não é possível, por isso o verbo deve ficar no singular.

| | |
|---|---|
| **Incorreto** | Precisam-se de vendedores. |

| | |
|---|---|
| **Correto** | Precisa-se de vendedores. |
| **Incorreto** | Necessitam-se de mestres-de-obra. |
| **Correto** | Necessita-se de mestres de obra. |

# 48. "A princípio" e "em princípio"

"A princípio" significa "no início" e "em princípio" significa "em tese", conforme exemplificado abaixo.

| | |
|---|---|
| **Correto** | A princípio, ele começou a dar aulas de geometria. Depois, ministrou outras disciplinas. |
| **Correto** | Em princípio, a probabilidade de um evento ocorrer é um número entre 0 e 1. |

## 49. Crase

De modo geral, o sinal de crase só aparece antes de palavra feminina, pois ele indica a junção de dois "as". Assim, a crase não aparece nas expressões "a partir", " de 20 a 25", "a todos", "a você" etc.

Quando a palavra é feminina, você pode valer-se de um "truque", que é trocar a palavra por outra, masculina, mesmo que ela não seja um "sinônimo". Se, com a palavra masculina, aparecer "ao", haverá o sinal de crase. Ou seja, a partícula "à" no feminino é equivalente à palavra "ao" no masculino.

Vejamos alguns exemplos de aplicação desse "truque".

| | |
|---|---|
| **Frase original** | Júlia foi à igreja. |
| **Frase com troca** | Júlia foi ao colégio. |
| **Frase original** | O professor fez referência à obra daquele autor. |
| **Frase com troca** | O professor fez referência ao livro daquele autor. |

| **Frase original** | O trânsito deve-se à chuva forte de ontem. |
|---|---|
| **Frase com troca** | O trânsito deve-se ao acidente de ontem. |

**Observação.** Antes de palavra masculina, o acento indicativo de crase pode aparecer se houver o pronome "aquele". Veja um exemplo.
- Iremos àquele bar hoje.

# 50. "Meio" e "meia"

"Meia" tem sentido de "metade", como se observa nos exemplos abaixo.
- Meu irmão comeu meia pizza.
- Meu irmão comeu metade da pizza.
- Minha mãe falou meia hora no telefone.
- Vou encomendar uma pizza meia atum e meia portuguesa.

"Meio" tem sentido de "um pouco".
- Ela estava meio nervosa.
- Ela estava um pouco nervosa.
- Minha irmã estava meio preocupada.
- Minha irmã estava um pouco preocupada.
- Carolina ficou meio sem jeito com aquela situação.
- Carolina ficou um pouco sem jeito com aquela situação.

Visto que não há sentido em pensarmos em algo como "a menina está metade nervosa", também não há sentido em escrevermos "a menina está meia nervosa".

## 51. "A cerca de", "acerca de" e "há cerca de"

"A cerca de" significa "a aproximadamente", como se observa abaixo.
- Falei a cerca de duzentas pessoas.
- Falei a aproximadamente duzentas pessoas
- Ele foi a cerca de cinco hospitais.
- Ele foi a aproximadamente cinco hospitais.

"Acerca de" significa "sobre", como se observa abaixo.
- Falei acerca da crise econômica mundial.
- Falei sobre a crise econômica mundial.
- Preparei uma palestra acerca do desenvolvimento sustentável.
- Preparei uma palestra sobre o desenvolvimento sustentável.

A expressão "há cerca de" é utilizada como "existem aproximadamente" ou para indicar tempo passado, como se observa a seguir.
- Há cerca de trezentas pessoas na praça.
- Existem aproximadamente trezentas pessoas na praça.

## 52. Aja e haja

"Aja", sem "h", refere-se ao verbo agir (atuar) e haja, com "h", refere-se ao verbo haver, conforme mostrado abaixo.
- Espero que ele aja com eficácia na resolução do caso.
- Espero que ele atue com eficácia na resolução do caso.
- Mesmo que haja condições desfavoráveis, continuarei a estudar.
- Mesmo que existam condições desfavoráveis, continuarei a estudar.

## 53. "Seja", "sejam", "esteja" e "estejam"

As palavras "seje", "sejem", "esteje" e "estejem" não existem. Conforme exemplificado a seguir, as palavras corretas são "seja", "sejam", "esteja" e "estejam".
- Que você seja abençoada!
- Que vocês sejam abençoados!
- Espero que mamãe esteja bem.
- Espero que mamãe e papai estejam bem.

## 54. "Seção", "sessão" e "cessão"

Para saber como escrever essa palavra, você deve atentar ao significado.

"Seção" (ou "secção") significa departamento, segmento ou parte. Logo, é uma palavra utilizada em situações como as mostradas abaixo.
- A seção feminina fica no segundo piso da loja.
- A seção transversal do fio tem geometria circular.
- Cada seção do texto será detalhadamente revisada.

"Sessão" significa "reunião", sendo uma palavra usada nos casos abaixo.
- A sessão das 14 horas no Cine Alvorada é a mais vazia.
- A sessão do psicanalista foi muito rápida.
- A pauta da sessão é a proposta de aprovação de uma nova lei.
- O filme foi tão disputado que houve uma sessão extra.

"Cessão" vem do verbo ceder (dar posse a alguém), conforme exemplificado a seguir.
- Os herdeiros de Leonardo propuseram a cessão dos seus bens para uma instituição de caridade.
- A lei permite que haja a cessão de alguns direitos.

> **"Seção"**, **"sessão"** e **"cessão"** não têm os mesmos significados.

## 55. Gerúndio

Muitas pessoas, avessas à moda do gerundismo, acabam extrapolando e considerando qualquer uso do gerúndio como errado. O gerúndio é um modo válido na língua portuguesa. No primeiro período deste parágrafo, por exemplo, há dois verbos empregados corretamente nesse modo ("extrapolando" e "considerando").

O gerúndio é usado para marcar uma ação contínua no tempo ou para articular uma oração à principal, como se observa nos exemplos a seguir.
- Eu estou estudando desde ontem.
- Chegando ao escritório, verificarei as mensagens.
- Isabel não entendia o que o professor estava explicando.

No entanto, devemos evitar expressões do tipo "vou estar transferindo a sua ligação". Basta dizermos "vou transferir a sua ligação" ou "estou transferindo a sua ligação".

## 56. "Podem ter", "podem ser" etc.

Você "enxerga" algum erro na frase abaixo?
- Os garotos do 2º ano não podem, em virtude das baixas estaturas, terem acesso ao bebedouro.

Sim, há um erro. Ele é o seguinte: como já houve a concordância de "podem" com "garotos", não devemos usar "podem (...) terem", mas sim "podem ter", conforme mostrado no quadro.

| Correto | Os garotos do 2º ano não podem, em virtude das baixas estaturas, ter acesso ao bebedouro. |
|---|---|
| Correto | Em virtude das baixas estaturas, os garotos do 2º ano não podem ter acesso ao bebedouro. |

| | |
|---|---|
| **Correto** | Em virtude das baixas estaturas, os garotos do 2º ano não podem acessar o bebedouro. |

O que foi explicado, também vale para outras locuções verbais utilizadas de maneira similar à do exemplo, como "podem ser" e outras.

## 57. "Somos três" etc.

Se você vai a um restaurante com dois amigos e o responsável pelo encaminhamento à mesa pergunta em quantos vocês são, o que você deve responder? Um possível erro de resposta é o uso da preposição "em", conforme mostrado a seguir.

| | |
|---|---|
| **Incorreto** | Somos em três. |
| **Correto** | Somos três. |
| **Incorreto** | Antes da morte do irmão mais velho, eles eram em seis. |

| | |
|---|---|
| **Correto** | Antes da morte do irmão mais velho, eles eram seis. |

## 58. "Daqui" e "daqui a".

Se alguém perguntar se você é daqui, há as duas opções de respostas seguintes.

| | |
|---|---|
| **Correto** | Sim, sou daqui. |
| **Correto** | Não, não sou daqui. |

E se alguém perguntar a que horas sua aula começa? Nesse caso, devemos usar a preposição "a", conforme exemplificado abaixo.

| | |
|---|---|
| **Incorreto** | Minha aula começa daqui 5 minutos. |
| **Correto** | Minha aula começa daqui a 5 minutos. |

## 59. "Meio-dia e meia".

Se uma pessoa acorda 30 minutos depois do meio-dia, dizemos que ela acorda "meio-dia e meia" ou "meio-dia e meio"?
Ela acorda "meio-dia e meia". A palavra "meia" fica no feminino porque a ideia é "meio-dia e meia hora", ou seja, "meio-dia + meia hora".

## 60. "É meio-dia", "é meio-dia e meia" e "são duas horas"

Você já deve ter visto alguém exclamar que "já é duas horas". Isso não é correto. Para indicar o horário, o verbo deve concordar com o "número", conforme mostrado a seguir.

| | |
|---|---|
| **Incorreto** | Já é duas horas. |
| **Correto** | Já são duas horas |
| **Incorreto** | Tenho que ir embora pois já são meio-dia. |
| **Correto** | Tenho que ir embora, pois já é meio-dia. |

| | |
|---|---|
| **Incorreto** | Nossa nem percebi que são meio-dia e meio! |
| **Correto** | Nossa, nem percebi que é meio-dia e meia! |
| **Incorreto** | Estou com pressa já são uma hora. |
| **Correto** | Estou com pressa: já é uma hora. |

## 61. "Óculos".

"Óculos" é uma palavra que sempre deve ser usada no masculino e no plural, conforme mostrado abaixo.

| | |
|---|---|
| **Incorreto** | O óculos que comprei tem proteção contra a radiação UV-A. |
| **Correto** | Os óculos que comprei têm proteção contra a radiação UV-A |

| | |
|---|---|
| **Incorreto** | Estou procurando meu óculos a meia hora. |
| **Correto** | Estou procurando meus óculos há meia hora. |

## 62. "Obrigado" e "obrigada"

Quando agradecemos a alguém por alguma coisa, estamos afirmando a nossa "obrigação" de retribuir o favor ou a gentileza. Por isso, o homem deve dizer "obrigado" e a mulher, "obrigada".

Se alguém nos diz "obrigado" e queremos "devolver" o agradecimento, o certo é "obrigado eu" ou "obrigada eu", dependendo do fato de a pessoa ser homem ou mulher.

Esses tópicos ficam claros no diálogo abaixo.

Pedro diz:
- Simone, obrigado pelo passeio de hoje.
Simone responde:
- Obrigada eu!

## 63. "Duzentos gramas"

Quantas vezes, na padaria, você já ouviu alguém dizer assim: "quero duzentas gramas de presunto"?

Com certeza, foram muitas vezes.

Mas isso não está correto, pois "grama", como unidade de "peso", é uma palavra masculina. Veja a correção abaixo.

| Incorreto | Quero duzentas gramas de presunto. |
|---|---|
| Correto | Quero duzentos gramas de presunto. |

Ressaltamos que "grama" somente é uma palavra feminina se usada no sentido de "a grama do jardim".

## 64. Uso da vírgula

A vírgula deve marcar a intercalação ou o deslocamento de termos no período. Não podem ser separados termos como sujeito e verbo e, também, verbo e complementos. Analise os exemplos que seguem.

| Incorreto | Alguns dos modelos que compõem a chamada "nova teoria do comércio internacional", baseiam-se na economia de escala e custos elevados, como fatores explicativos do comércio internacional. |
|---|---|

| | |
|---|---|
| **Correto** | Alguns dos modelos que compõem a chamada "nova teoria do comércio internacional" baseiam-se na economia de escala e nos custos elevados como fatores explicativos do comércio internacional. |
| **Incorreto** | Na Argentina eletrodomésticos, comida e até medicamentos, somem das prateleiras e o povo paga com uma alta da inflação. |
| **Correto** | Na Argentina, eletrodomésticos, comida e até medicamentos somem das prateleiras e o povo paga com a alta da inflação. |
| **Incorreto** | As vítimas do alagamento do último domingo, foram indenizadas. |
| **Correto** | As vítimas do alagamento do último domingo foram indenizadas. |
| **Incorreto** | A menina de olhos de tango ontem à noite, estava aparentemente angustiada. |

| | |
|---|---|
| **Correto** | A menina de olhos de tango, ontem à noite, estava, aparentemente, angustiada. |
| **Correto** | Ontem à noite, a menina de olhos de tango estava aparentemente angustiada. |

## 65. Concordância verbal e nominal.

A regra básica da concordância verbal é: o verbo deve concordar com o sujeito, conforme exemplificado abaixo.

| | |
|---|---|
| **Incorreto** | A reflexão dessas questões não envolvem um comportamento ético em si, ou seja, não estão relacionados com compromissos com a sociedade. |
| **Correto** | A reflexão dessas questões não envolve o comportamento ético em si, ou seja, não está relacionada a compromissos com a sociedade.. |

Observe que o verbo tem de concordar com "reflexão", que é o núcleo do sujeito. De modo esquemático, vemos que o correto é "a reflexão (...) não está relacionada" e não "a reflexão (...) não estão relacionada".

| **Incorreto** | Só não falta tango e milonga. |
|---|---|
| **Correto** | Só não faltam tango e milonga. |

Em "tango e milonga" temos de usar o plural, pois há mais de um elemento ("tango+milonga").

Na concordância nominal, a regra básica é: o adjetivo deve concordar com o substantivo a que se refere, conforme exemplificado a seguir.

| **Incorreto** | Deixou claro a sua ideia. |
|---|---|
| **Correto** | Deixou clara a sua ideia. |

# Exemplos adicionais

| | |
|---|---|
| **Incorreto** | A meteorologia prevê que podem haver chuvas fortes no final do dia. |
| **Correto** | A meteorologia prevê que pode haver chuvas fortes no final do dia. |
| **Incorreto** | Nenhum dos candidatos conseguiram fazer a prova. |
| **Correto** | Nenhum dos candidatos conseguiu fazer a prova. |
| **Incorreto** | Minhas férias foram benéficas, onde pude relaxar. |
| **Correto** | Minhas férias foram benéficas, pois pude relaxar. |
| **Correto** | Eva não explicou o motivo por que faltou à reunião. |

| | |
|---|---|
| **Correto** | Eva não explicou o motivo pelo qual faltou à reunião. |
| **Incorreto** | Através de nossa página eletrônica, você estará obtendo mais informações. |
| **Correto** | Na nossa página eletrônica, você obterá mais informações. |
| **Correto** | Na nossa página eletrônica, você poderá obter mais informações. |
| **Incorreto** | Os principais focos da empresa são a inovação tecnológica e investir na qualificação dos funcionários. |
| **Correto** | Os principais focos da empresa são a inovação tecnológica e o investimento na qualificação dos funcionários. |
| **Incorreto** | Não fazia um dia tão bonito a meses. |
| **Correto** | Não fazia um dia tão bonito há meses. |

| | |
|---|---|
| **Incorreto** | A máquina custa R$ 300,00, podendo parcelar em até cinco vezes sem juros. |
| **Correto** | A máquina custa R$ 300,00, sendo que esse valor pode ser parcelado em até cinco vezes sem juros. |
| **Incorreto** | A facilidade de uso da máquina deve-se a tecnologia envolvida na fabricação da mesma. |
| **Correto** | A facilidade de uso da máquina deve-se à tecnologia envolvida na sua fabricação. |
| **Incorreto** | Era um dia de descanso, por outro lado chovia. |
| **Correto** | Era um dia de descanso e chovia. |
| **Incorreto** | Ele nunca refez-se do susto. |
| **Correto** | Ele nunca se refez do susto. |

| | |
|---|---|
| **Incorreto** | Joaquim tinha efisema pulmonar. |
| **Correto** | Joaquim tinha enfisema pulmonar. |
| **Incorreto** | Fiquei chateada com o fato dela não ter sido selecionada. |
| **Correto** | Fiquei chateada com o fato de ela não ter sido selecionada. |
| **Incorreto** | A dedetização dos apartamentos de três dormitórios, ocorrerá na próxima segunda-feira. |
| **Correto** | A dedetização dos apartamentos de três dormitórios ocorrerá na próxima segunda-feira. |
| **Incorreto** | São fatores nocivos, onde geram problemas cardíacos. Aumentando a chance de infarto. |
| **Correto** | São fatores nocivos, pois geram problemas cardíacos e aumentam a chance de infarto. |

| | |
|---|---|
| **Incorreto** | A aplicação e a correção da prova é responsabilidade do professor. |
| **Correto** | A aplicação e a correção da prova são responsabilidades do professor. |
| **Incorreto** | Além de ser uma pessoa simpática, seu maior defeito era fumar. |
| **Correto** | Era uma pessoa simpática e seu maior defeito era fumar. |
| **Incorreto** | O posicionamento das teorias no campo liberal e no campo realista são inconciliáveis. |
| **Correto** | Os posicionamentos das teorias no campo liberal e no campo realista são inconciliáveis. |
| **Incorreto** | O maior obstáculo a cooperação entre Estados é a ausência de uma cultura comum. |

| | |
|---|---|
| **Correto** | O maior obstáculo à cooperação entre Estados é a ausência de uma cultura comum. |
| **Incorreto** | O Estado menos oneroso implica em cobrar menos impostos no limite do equilíbrio fiscal (o governo recolhe apenas o necessário pra se manter). |
| **Correto** | O Estado menos oneroso implica cobrar menos impostos no limite do equilíbrio fiscal (o governo recolhe apenas o necessário para manter-se). |
| **Incorreto** | A excessiva liberdade de certos elos do sistema financeiro é visto por muitos analistas como a origem da crise. |
| **Correto** | A excessiva liberdade de certos elos do sistema financeiro é vista por muitos analistas como a origem da crise. |
| **Correto** | A excessiva liberdade de certos elos do sistema financeiro é vista, por muitos analistas, como a origem da crise. |

| | |
|---|---|
| **Incorreto** | Evidentemente que um grupo de dezenas de alunos, mostraram-se descomprometido. |
| **Correto** | Evidentemente, um grupo de dezenas de alunos mostrou-se descomprometido. |
| **Incorreto** | A política de redução das taxas de juros incentivaram o consumidor a hipotecar sua casa e investir o dinheiro em bolsas de valores. |
| **Correto** | A política de redução das taxas de juros incentivou o consumidor a hipotecar sua casa e a investir o dinheiro em bolsas de valores. |
| **Incorreto** | Não houveram comentários em relação às questões ou a prova. |
| **Correto** | Não houve comentários em relação às questões ou à prova. |
| **Incorreto** | A complexidade de analisar conceitos como a guerra, a paz, a cooperação ou poder, está nas implicações decorrentes deles. |

| | |
|---|---|
| **Correto** | A complexidade de analisar conceitos como a guerra, a paz, a cooperação ou o poder está nas implicações decorrentes deles. |
| **Incorreto** | A população, que no final das contas é quem sofre os horrores da guerra, provavelmente não apoiariam a alternativa proposta. |
| **Correto** | A população, que, no final das contas, é quem sofre os horrores da guerra, provavelmente não apoiaria a alternativa proposta. |
| **Incorreto** | Mais que homem ou mulher, um indivíduo é socialmente um certo comportamento esperado. |
| **Correto** | Mais do que homem ou mulher, um indivíduo é, socialmente, certo comportamento esperado. |
| **Incorreto** | Segue, em arquivos anexos, as listas de presença. |

| | |
|---|---|
| **Correto** | Seguem, em arquivos anexos, as listas de presença. |
| **Incorreto** | Ele pratica nadar e equitação. |
| **Correto** | Ele pratica natação e equitação. |
| **Incorreto** | Em sua concepção definir o que é ponto de equilíbrio? |
| **Correto** | Em sua concepção, defina o que é ponto de equilíbrio. |
| **Incorreto** | Não há consenso entre as posições norte-americanas e dos europeus sendo que estes defendem controle maior dos agentes financeiros. |
| **Correto** | Não há consenso entre as posições dos norte-americanos e dos europeus, sendo que estes defendem controle maior dos agentes financeiros. |

| | |
|---|---|
| **Correto** | Não há consenso entre as posições dos norte-americanos e as dos europeus, sendo que estes defendem controle maior dos agentes financeiros. |
| **Incorreto** | O cartão de respostas deve ser preenchido com caneta. |
| **Correto** | O cartão de respostas deve ser preenchido a caneta. |
| **Incorreto** | As provas são diferentes para cada curso e data de aplicação. |
| **Correto** | As provas são diferentes, de acordo com o curso e com a data de aplicação. |
| **Incorreto** | O médico incentivou a ingestão de alimentos saudáveis, acompanhar a pressão arterial e praticar exercícios. |
| **Correto** | O médico incentivou a ingestão de alimentos saudáveis, o acompanhamento da pressão arterial e a prática de exercícios. |

| | |
|---|---|
| **Incorreto** | Voltarei daqui duas horas. |
| **Correto** | Voltarei daqui a duas horas. |
| **Incorreto** | Mesmo que ele haja corretamente, corre o risco de cometer equívocos. |
| **Correto** | Mesmo que ele aja corretamente, corre o risco de cometer equívocos. |
| **Incorreto** | Analise os dados, reflita sobre as frases e, assinale a alternativa correta. |
| **Correto** | Analise os dados, reflita sobre as frases e assinale a alternativa correta. |
| **Incorreto** | Os candidatos deverão demonstrar proficiência através da prova, em outro idioma. |
| **Correto** | Os candidatos deverão demonstrar proficiência, por meio da prova, em outro idioma. |

| | |
|---|---|
| **Incorreto** | A moça ficou meia indecisa na hora de escolher seu vestido de casamento. |
| **Correto** | A moça ficou meio indecisa na hora de escolher seu vestido de casamento. |
| **Correto** | A moça ficou um pouco indecisa na hora de escolher seu vestido de casamento. |
| **Incorreto** | Segundo os organizadores do evento, a cerca de vinte mil pagantes nas arquibancadas. |
| **Correto** | Segundo os organizadores do evento, há cerca de vinte mil pagantes nas arquibancadas. |
| **Incorreto** | Acredito que a formação dos profissionais da educação deve ser contínuo. |
| **Correto** | Acredito que a formação dos profissionais da educação deve ser contínua. |

| | |
|---|---|
| **Correto** | Acredito que a formação dos profissionais da educação deve ser um processo contínuo. |
| **Incorreto** | É importante transmitir aos alunos no que afeta, como cidadão, o descumprimento das leis. |
| **Correto** | É importante transmitir aos alunos como o descumprimento das leis afeta o cidadão. |
| **Incorreto** | Existe no papel uma política de ensino, porém em algumas instituições funcionam muito bem, mas na maioria vemos que não funciona. |
| **Correto** | Existe, no papel, uma política de ensino que, na maioria dos casos, não funciona; são poucas as instituições em que ela é realmente eficiente. |
| **Incorreto** | Em relação a peça publicitária audiovisual, percebemos que há uma série de etapas primordiais anterior para a obtenção de resultados significativos. |

| | |
|---|---|
| **Correto** | Em relação à peça publicitária audiovisual, percebemos que há uma série de etapas primordiais anteriores para a obtenção de resultados significativos. |
| **Incorreto** | As saias não puderam, pela transparência do tecido, serem usadas na escola. |
| **Correto** | As saias não puderam, pela transparência do tecido, ser usadas na escola. |
| **Correto** | Pela transparência do tecido, as saias não puderam ser usadas na escola. |
| **Incorreto** | Em Cingapura, também leva-se chibatadas como punição. |
| **Correto** | Em Cingapura, também se levam chibatadas como punição. |
| **Incorreto** | Tânia comprou sorvetes bastantes gostosos. |
| **Correto** | Tânia comprou sorvetes bastante gostosos. |

| | |
|---|---|
| **Correto** | Tânia comprou sorvetes muito gostosos. |
| **Incorreto** | Tânia comprou bastante sorvetes gostosos. |
| **Correto** | Tânia comprou bastantes sorvetes gostosos. |
| **Correto** | Tânia comprou muitos sorvetes gostosos. |
| **Incorreto** | A companhia de dedetização em 23 de abril, entrará em contato com os condôminos. |
| **Correto** | A companhia de dedetização, em 23 de abril, entrará em contato com os condôminos. |
| **Correto** | Em 23 de abril, a companhia de dedetização entrará em contato com os condôminos. |
| **Incorreto** | A variação dos índices e aumentar as taxas, foram causas do problema surgir. |

| | |
|---|---|
| **Correto** | A variação dos índices e o aumento das taxas foram causas de o problema surgir. |
| **Correto** | A variação dos índices e o aumento das taxas foram causas do surgimento do problema. |
| **Incorreto** | Parece que fazem muitos anos que não venho aqui! |
| **Correto** | Parece que faz muitos anos que não venho aqui! |
| **Incorreto** | Início e término das aulas deve respeitar o horário determinado pelo professor, independente do número de alunos presentes |
| **Correto** | O início e o término das aulas devem respeitar o horário determinado pelo professor, independentemente do número de alunos presentes. |
| **Incorreto** | Não sei porque Janete não compareceu à festa. |

| Correto | Não sei porque Janete não compareceu à festa. |
|---|---|
| Correto | Não sei por qual razão Janete não compareceu à festa. |
| Correto | Não sei por qual motivo Janete não compareceu à festa. |
| Incorreto | Já fazem três anos que Adriana viajou |
| Correto | Já faz três anos que Adriana viajou. |
| Incorreto | Pela análise preliminar, devem haver muitos erros no texto do Cássio. |
| Correto | Pela análise preliminar, devem existir muitos erros no texto do Cássio. |
| Correto | Pela análise preliminar, deve haver muitos erros no texto do Cássio. |

| | |
|---|---|
| **Incorreto** | Nesse período os professores receberão os estudantes questionando as notas dos exames e o não lançamento de frequência as aulas. |
| **Correto** | Nesse período, os professores receberão os estudantes que questionarão as notas dos exames e o não lançamento de frequência às aulas. |
| **Incorreto** | Agora, veja um exemplo onde a transformação não é possível por isso o verbo deve ficar no singular. |
| **Correto** | Agora, veja um exemplo no qual a transformação não é possível, por isso o verbo deve ficar no singular. |
| **Incorreto** | Desejamos que vocês sejem felizes para sempre. |
| **Correto** | Desejamos que vocês sejam felizes para sempre |

| | |
|---|---|
| **Incorreto** | Os móveis já tem sinais de deterioração. |
| **Correto** | Os móveis já têm sinais de deterioração. |
| **Incorreto** | Meus colegas deixaram todo o relatório para mim fazer sozinho. |
| **Correto** | Meus colegas deixaram todo o relatório para eu fazer sozinho. |
| **Incorreto** | Juliana e seus irmãos estavam meios desapontados. |
| **Correto** | Juliana e seus irmãos estavam meio desapontados. |
| **Correto** | Juliana e seus irmãos estavam um pouco desapontados. |
| **Incorreto** | As estudantes do nono ano podem, em função dos seus desempenhos, escolherem os prêmios. |

| | |
|---|---|
| **Correto** | As estudantes do nono ano podem, em função dos seus desempenhos, escolher os prêmios. |
| **Correto** | Em função dos seus desempenhos, as estudantes do nono ano podem escolher os prêmios. |
| **Incorreto** | O presidente interviu no debate afim de que a discussão fosse finalizada. |
| **Correto** | O presidente interveio no debate a fim de que a discussão fosse finalizada. |
| **Incorreto** | Clara gosta de organizar feiras beneficientes. |
| **Correto** | Clara gosta de organizar feiras beneficentes. |
| **Incorreto** | O espaço reservado para os automóveis nas garagens dos empreendimentos em cidades como São Francisco e Londres são definidos por lei, conforme a infra--estrutura viária existente. |

| | |
|---|---|
| **Correto** | O espaço reservado para os automóveis nas garagens dos empreendimentos em cidades como São Francisco e Londres é definido por lei, conforme a infraestrutura viária existente. |
| **Correto** | Em cidades como São Francisco e Londres, o espaço reservado para os automóveis nas garagens dos empreendimentos é definido por lei, conforme a infraestrutura viária existente. |
| **Incorreto** | Essas confissões devem ficar apenas entre eu e você. |
| **Correto** | Essas confissões devem ficar apenas entre mim e você. |
| **Incorreto** | A região metropolitana de São Paulo, a bacia do Rio Copiapó, no Chile, a bacia do Rio Bravo, no México, e a bacia do Rio Suquía, na Argentina serão laboratórios de experimentos para o descobrimento e disseminação de novas de tecnologias de reuso de água. |

| | |
|---|---|
| **Correto** | A região metropolitana de São Paulo, a bacia do Rio Copiapó, no Chile, a bacia do Rio Bravo, no México, e a bacia do Rio Suquía, na Argentina, serão laboratórios de experimentos para o descobrimento e a disseminação de novas de tecnologias de reuso de água. |
| **Incorreto** | Cristiana foi as compras e a mesma gastou mais que deveria. |
| **Correto** | Cristiana foi às compras e ela gastou mais do que deveria. |
| **Incorreto** | Não sei aonde foi parar meu óculos novo. |
| **Correto** | Não sei onde foram parar meus óculos novos. |
| **Incorreto** | Compartilho as suas ideias pois as mesmas vem de encontro aos meus pensamentos. |
| **Correto** | Compartilho as suas ideias, pois elas vêm ao encontro dos meus pensamentos. |

| | |
|---|---|
| **Incorreto** | Discordo das suas ideias pois as mesmas vem ao encontro dos meus pensamentos. |
| **Correto** | Discordo das suas ideias, pois elas vêm de encontro aos meus pensamentos. |
| **Incorreto** | André trabalhou muito no ano passado, por outro lado ganhou bastante dinheiro. |
| **Correto** | André trabalhou muito no ano passado e ganhou bastante dinheiro. |
| **Incorreto** | Diogo trabalhou muito no ano passado, por outro lado perdeu bastante dinheiro. |
| **Correto** | Diogo trabalhou muito no ano passado, mas perdeu bastante dinheiro. |
| **Incorreto** | É uma daquelas situações comuns em que não há consenso a cerca da necessidade de intervenção. |
| **Correto** | É uma daquelas situações comuns em que não há consenso acerca da necessidade de intervenção. |

| | |
|---|---|
| **Correto** | É uma daquelas situações comuns em que não há consenso sobre a necessidade de intervenção. |
| **Incorreto** | A possibilidades da comissão declarar um dos estados como agressor. |
| **Correto** | Há possibilidades de a comissão declarar um dos estados como agressor. |
| **Correto** | Existem possibilidades de a comissão declarar um dos estados como agressor. |
| **Incorreto** | Trabalho nessa empresa, aonde atuo como gerente, a três anos. |
| **Correto** | Trabalho nessa empresa, onde atuo como gerente, há três anos. |
| **Incorreto** | Senão for aprovado, ele terá que refazer o trabalho. |

| | |
|---|---|
| **Correto** | Se não for aprovado, ele terá que refazer o trabalho. |
| **Correto** | Se não for aprovado, ele terá de refazer o trabalho. |
| **Incorreto** | Faça o exercício, se não será reprovado. |
| **Correto** | Faça o exercício, senão será reprovado. |
| **Incorreto** | Paulo enriqueceu às custas de muito esforço. |
| **Correto** | Paulo enriqueceu à custa de muito esforço. |
| **Incorreto** | Aquele prédio, onde na frente funcionava um restaurante, foi restaurado. |
| **Correto** | Aquele prédio, em cuja frente funcionava um restaurante, foi restaurado. |

| | |
|---|---|
| **Incorreto** | Nos dias de hoje, a maioria das pessoas querem ser famosas para serem reconhecidas e almejadas. |
| **Correto** | Nos dias de hoje, a maioria das pessoas quer ser famosa para ser reconhecida e admirada. |
| **Incorreto** | Ana já chegou as maiores ofertas da internet! |
| **Correto** | Ana, já chegaram as maiores ofertas da internet! |
| **Incorreto** | São um conjunto de princípios e de normas que visa a proteção dos indivíduos. |
| **Correto** | É um conjunto de princípios e de normas que visa à proteção dos indivíduos. |
| **Incorreto** | A emergência de um novo padrão de comportamento vêm sendo defendido pelos autores internacionalistas. |

| | |
|---|---|
| Correto | A emergência de um novo padrão de comportamento vem sendo defendida pelos autores internacionalistas. |
| Incorreto | Uma série de convenções ajudam a traduzir tais princípios em leis. |
| Correto | Uma série de convenções ajuda a traduzir tais princípios em leis. |
| Incorreto | Dezembro é o mês onde comemoramos o Natal. |
| Correto | Dezembro é o mês em que comemoramos o Natal. |
| Correto | Dezembro é o mês no qual comemoramos o Natal. |
| Incorreto | Ele não sabia o que dizia, por outro lado era um bom marido. |

| | |
|---|---|
| **Correto** | Ele não sabia o que dizia, mas era um bom marido. |

# Português Não é Um Bicho-de-Sete-Cabeças

Autor: Sérgio Simka

144 páginas
1ª edição - 2008
Formato: 14 x 21
ISBN: 978-85-7393-662-9

Se você vive perdendo a cabeça por causa das dúvidas de português, seus "pobremas", opa, problemas acabaram. Este livro pretende mostrar, de maneira bem despojada, cheia de humor, que as regras da gramática podem conviver pacificamente com os neurônios de quem pôs na cabeça que português é difícil, deixando claro que conhecer o próprio idioma é dispor de um instrumento para a ascenção, ops, ascensão profissional. "Português não é um bicho-de-sete-cabeças", certamente, vai fazer a sua cabeça, pois apresenta a língua portuguesa de um modo que você jamais viu. Sérgio Simka, mestre em língua portuguesa pela Pontifícia Universidade Católica de São Paulo (PUC-SP), é professor da Universidade do Grande ABC (UniABC), de Santo André-SP, e da Faculdades Integradas de Ribeirão Pires (Firp), Ribeirão Pires-SP. É autor de dezenas de livros, entre os quais: Ensino de Língua Portuguesa e Dominação: por que não se aprende português? (Musa), É pra Mim Colocar Crase ou Não? (Musa), Como Vai Seu Português? (O Artífice), Aprender Português é Divertido (O Artífice) e Ensino Eficaz da Crase (O Artífice).

**À venda nas melhores livrarias.**

**EDITORA CIÊNCIA MODERNA**

**Impressão e Acabamento**
Gráfica Editora Ciência Moderna Ltda.
Tel.: (21) 2201-6662